Christian Pestalozza
Der Popularvorbehalt

Schriftenreihe
der Juristischen Gesellschaft e. V.
Berlin

Heft 69

W
DE
G

1981

Walter de Gruyter · Berlin · New York

Der Popularvorbehalt
Direkte Demokratie in Deutschland

Von
Christian Pestalozza

Vortrag
gehalten vor der
Berliner Juristischen Gesellschaft
am 21. Januar 1981

1981

Walter de Gruyter · Berlin · New York

Dr. iur. Christian Pestalozza
o. Professor für Staats- und Verwaltungsrecht,
Ausländisches öffentliches Recht und Rechtstheorie
an der Freien Universität Berlin

CIP-Kurztitelaufnahme der Deutschen Bibliothek

Pestalozza, Christian:
Der Popularvorbehalt : direkte Demokratie in
Deutschland ; Vortrag gehalten vor d. Berliner
Jur. Ges. am 21. Januar 1981 / von Christian
Pestalozza. – Berlin ; New York : de Gruyter,
1981.
(Schriftenreihe der Juristischen Gesellschaft
e.V. Berlin ; H. 69)
ISBN 3-11-008630-1
NE: Juristische Gesellschaft ⟨Berlin, West⟩:
Schriftenreihe der Juristischen...

I. Die Erneuerung

1. Bürgerliche Teilhabe am Staat und öffentliche Moral

Wir müssen, zumal in Berlin, besorgt sein um das Ansehen der deutschen Politik. Nach einem knappen halben Jahrhundert deutscher Demokratie mißtraut der Bürger immer noch der Politik und den Politikern. Der Graben scheint eher tiefer zu werden, der Staat vor allem im Umgang mit der jungen Generation nicht die richtigen Worte zu finden. Wir müssen nach Wegen der Erneuerung suchen, die das verlorene Vertrauen wiederherstellen. Dazu kann der Politiker das Seine tun – durch Verzicht, Besserung und Vorbild. Das Gefühl für öffentliche Moral muß ermutigt, Politik wieder als Ehrenamt an der Öffentlichkeit verstanden werden. Der Bürger will ja vertrauen, will ja an die Redlichkeit des Politikers glauben, will sich ohne Systemveränderung begnügen mit dem persönlichen Anstand der Verantwortlichen. Aber wenn sich das Gefühl, in den besten Händen zu sein, nicht einstellen will, wächst der Wunsch, Politik selbst in die Hand zu nehmen, im Staat mitzuarbeiten und mitzuentscheiden. Darin müssen wir den Bürger ermutigen. Sein Verständnis für das Politische und den Politiker wird wachsen, wenn er selbst unmittelbar und andauernd am Staat teilhat, und umgekehrt wird es dem Politiker leichter fallen, ihn als Partner anzunehmen. Beides ergänzt einander, und von hieraus, von der neuen Redlichkeit des Politikers und von der neuen Teilhabe des Bürgers her müssen wir die Erneuerung unserer Demokratie unternehmen. Auf das erste wartet der Bürger seit langem, zu dem zweiten ist er seit Jahren bereit. Aufgabe unseres Juristenstandes ist es, die positiven Zeichen der Zeit zu erkennen und rechtzeitig die normativen Wegmarken bereitzustellen, die es erlauben, die vielfältigen Reformwünsche zu ordnen und zu verfassen. Auch das Grundgesetz wartet darauf. Carlo Schmid hat zwar im Parlamentarischen Rat noch davor gewarnt, es sei nichts als ein provisorischer Notbau, dem man nicht die Weihe einer Verfassung geben sollte[1]. Aber heute sind wir über alles absehbar Vorläufige hinaus und aufgerufen, uns alle häuslicher einzurichten. Dazu gehört, den Bürger nicht nur

---

[1] Sten. Ber. 10/1949, S. 230. Vgl. aber auch JöR n. F. 1 (1951), S. 916–921.

unter das schützende Dach zu holen, sondern ihn auch mitbauen zu lassen. Über diese bürgerliche Teilhabe am Staat in Gestalt der direkten Demokratie möchte ich heute sprechen. Ich bin dem Vorstand der Juristischen Gesellschaft dankbar für die Möglichkeit, mit einem so sachkundigen Kreis Thesen und Entwürfe diskutieren zu können, die mich seit längerem beschäftigen. Als Juristen haben wir es in der Hand, Bürgerwünsche zu artikulieren, konsensfähig zu machen und in der Praxis zu schützen.

2. Teilhabe am Staat und Subvention

Wie viele andere sehe ich einen Staat, der sich zu Hause immer mehr breit macht, und immer mehr Bürger in der Emigration oder im Protest, darunter auch Staatsdiener. Daß der Staat seine Bürger an Alternativbewegungen, an Subkulturen, an das rein private Leben oder an das Ausland verliert, läßt sich mit wachsenden Leistungen allein nicht abwenden. Legitimation und Zuwendung gründen sich nicht auf Geschenke. Die befriedigen nur vorübergehend, wecken den Wunsch nach mehr, schlechtes Gewissen und politische Abstinenz beim Bürger, lähmende und verantwortungsfreie Subventionsmentalität beim Politiker. Ganze Regionen und halbe Städte drohen auf der Intensivstation des Subventionsstaates zu verfallen. In einer Zeit, in der uns allen die Umwelt, die Technik und die äußeren Beziehungen über den Kopf wachsen, ist dies nicht der Weg, diesen Staat zu unserem Land zum machen. Der Bürger will selbst leisten, will gefragt und gefordert werden. Die Probleme, die entschieden werden, sind in allererster Linie, nämlich existentiell, die seinen, und nur in zweiter Linie, nämlich professionell, die der Politiker. Immer zahlt die Zeche der Bürger; in schrecklichster Weise hat dies die unauslöschliche Zeit zwischen unseren beiden Demokratien gezeigt. Wundert es da, daß er mitbestimmen will – nicht am Stammtisch, nicht als Strichprobe eines Meinungsumfrageinstituts, sondern als Teilhaber am Unternehmen Staat? Machen wir uns seine Bereitschaft – und, füge ich dazu: sein Vermögen –, aus der Rolle des privaten Nörglers und öffentlichen Ja-Sagers herauszuwachsen, zunutze. Stellen wir die Weichen für eine Bewegung hin zum Staat, in dem Politik und Rechtsordnung ihn als ernsthaften und andauernden Partner annehmen.

3. Mißbehagen am Demokratiedefizit

Die Fundamente dazu hält unsere Demokratie bereit. Aber sie müssen freigelegt und stabilisiert werden. Eher können wir nicht hoffen, das vielfältige Unbehagen des Bürgers am Demokratiedefizit abzubauen. Er hat zu keiner Zeit so richtig das Gefühl, daß das Volk herrscht. Spätestens in der Wahlnacht scheint die Kontrolle über den Staat verloren. Er fühlt sich nicht als Partner, sieht sich – z.B. durch Wahlversprechen – irregeleitet und – z.B. durch Parteivereinbarungen – vor außer-konstitutionelle Tatsachen gestellt. Er wird nicht gefragt, weder zu Existenzfragen, wie dem Schwangerschaftsabbruch, noch zu Zivilisationsfragen, wie dem Ladenschluß. Und wenn er sich ungefragt zu Wort meldet, wie die 600 000 beim Petitionsausschuß des Bundestages in Sachen Fristenlösung, scheint es, als hätte er keine Stimme. Er finanziert, ohne mitzubestimmen, wie beim Rundfunk. Und er trägt Folgelasten, nicht aber Entscheidungen, wie bei der Kernkraft. Alles dies würde ihn vermutlich weniger bedrücken, wenn er sich eins wüßte mit der politischen Sache oder Person, um die es geht. Aber wie soll dies gelingen, wenn er eher den Eindruck gewinnen muß, daß der Staat und seine Diener an die Gesellschaft strengere Maßstäbe anlegen als an sich selbst? In welchem Sinne kann er das mit Beamten übersetzte, überteuerte und parteiliche Parlament als „repräsentativ" ansehen, wie das leere Plenum als demokratisch verstehen? Wie verträgt sich für ihn die zunehmende Durchleuchtung und Deprivatisierung der Gesellschaft mit der offenbar gleichbleibenden Undurchschaubarkeit von Staatsgeschäften und Politikern? Wäre nicht alles noch schlimmer, wenn nicht die private Presse das Wächteramt übernommen hätte, mit dem sich einmal der Staat geschmückt hat? Und wie vermag er noch zu erkennen, daß der Staat eine Funktion gesellschaftlicher Freiheit und Wohlfahrt ist, wenn zwar der Staat sich unaufhörlich ausdehnt, teils auch die Wohlfahrt, nicht aber die unreglementierte Freiheit?

Diesen Eindrücken müssen wir mit einem entschlossenen Mehr an Bürgerfreiheit und Bürgerkompetenz entgegentreten. Freiheit heißt hier Abwehr des Staates, Kompetenz Mitwirkung, eventuell Mitbestimmung im Staat. Dabei geht es mir weniger darum, daß sich der Staat wieder auf notwendigste Funktionen – welche wären das? – zurückzieht, als darum, daß er sich bürgerlicher Kompetenz weiter öffnet. Was die Rechtsordnung dazu beitragen kann, heißt direkte Demokratie. Davon haben wir – ich wiederhole es und werde es belegen – bereits eine Menge. Aber wir brauchen mehr. Ich gebe zu, daß ich mit Neid nach

Kalifornien und auf 21 andere US-Staaten[2], nach Dänemark, Frankreich, Irland, Island, Österreich, Schweden, Spanien und – natürlich – in die Schweiz blicke. Machen wir uns ihre und unsere Erfahrungen zunutze, aus dem Guten das Bessere. Aber fangen wir an.

4. Was heißt direkte Demokratie?

Unter direkter Demokratie verstehe ich die Entscheidung (und Mitentscheidung) des Volkes über öffentliche Personal- und Sachfragen. Mit dem Ausdruck „Popularvorbehalt" beschreibe ich den Kompetenzbereich, der unbedingt, also durch die Verfassung unmittelbar, dem Volk vorbehalten ist, nicht zur Disposition der „besonderen" Staatsorgane steht. Er ergänzt und reduziert die Figuren des Parlaments – oder Gesetzesvorbehalts[3] und des – von mir an anderer Stelle sogenannten[4] – Richtervorbehalts.

Entscheidung über Personalfragen heißt: Wahl und Abwahl der Staatsdiener durch das Volk, gleichgültig im Dienst welcher Staatsgewalt sie stehen. Auch die Wahl ist ein Stück direkter Demokratie, allerdings nur der Anfang. Entscheidung über Sachfragen bedeutet: Mitwirkung der Nichtfunktionäre an öffentlichen Sachentscheidungen, gleichgültig um welche Staatsfunktionen es geht. Die Volksgesetzgebung ist also nur ein Teil der direkten Demokratie, allerdings wohl der wichtigste wegen der (im Parteienstaat eher theoretischen) Suprematie des Parlaments und wegen des (im Verfassungsrichterstaat eher relativierten) Gesetzesvorbehalts. Eine Reihe von Staaten kennt denn auch nur dieses Element direkter Demokratie. Aus praktischen Gründen werde auch ich den Schwerpunkt hier setzen, muß aber anmerken, daß auch das Richten und Verwalten durch das Volk (und nicht nur in seinem Namen) zum Thema gehört.

---

[2] Arizona, Arkansas, Colorado, Idaho, Maine, Maryland, Massachusetts, Michigan, Missouri, Montana, Nebraska, Nevada, New Mexico, North Dakota, Ohio, Oklahoma, Oregon, South Dakota, Utah, Washington, Wyoming. Vgl. auch Teil I Art. 39 New Hampshire; Art. XIII sec. 12 Wisconsin.
Eine ausgezeichnete Synopse der Einzelstaatenverfassungen bietet R. A. *Edwards* (Hrsg.), Index Digest of State Constitutions, New York, 2. Aufl. 1959, unter den Auspizien des Legislative Drafting Research Fund der Columbia University. Im folgenden verweise ich stets auf diese Synopse statt auf die einzelnen Bestimmnungen der verschiedenen Verfassungen. Für die Verfassungen der elf deutschen Länder bereite ich einen ähnlichen Leitfaden vor.
[3] Dazu nur etwa BVerfGE 49, 89/126 f. – Kalkar.
[4] *Pestalozza*, Energieversorgung unter Richtervorbehalt, Der Staat 18 (1979), S. 481 ff.

5. Was soll direkte Demokratie?

Das *Ziel* meiner Vorschläge ist nicht mehr Demokratie um ihrer selbst willen. Fremdbestimmung durch Mehrheiten ist nichts eigentlich besonders Wünschenswertes; sie erscheint, weil individuelle Selbstbestimmung in der Gesellschaft oder gesellschaftliche Einmütigkeit nicht dauerhaft erreichbar sind, als geringeres Übel im Vergleich zur Minderheitenherrschaft. Mit ihr muß sich auch abfinden, wer die direkte Demokratie will. Das Risiko des Unterliegens, die Unbeständigkeit des Erfolges, die Ohnmacht auch der größten Minderheit, alles das findet sich auch unter dem Popularvorbehalt. Aus diesen Gründen stehe ich im übrigen auch denjenigen skeptisch gegenüber, die in der Demokratisierung der *Gesellschaft* einen Ausgleich für das Demokratiedefizit des Staates suchen.

Das Ziel ist vielmehr die *bürgerfreundliche Neuordnung des Verhältnisses zwischen Entscheidung und Verantwortung:*

a) *Die Entscheidungskompetenz des Volkes* muß *vergrößert* werden. Geachtet wird nur, wer mitbestimmt. Darin liegt kein Mißtrauensvotum gegenüber der Berufspolitik. Ich habe auch keinen Anlaß anzunehmen, daß sich das Volk in der jeweiligen Sache stets besser auskennt. Unser Problem ist gerade, daß wir mit Fragen konfrontiert werden, auf die niemand eine eindeutige Antwort weiß. In diesen gedanklichen Spielräumen hängt die Güte der Antwort, weil wir eine Demokratie haben, davon ab, ob die Mehrheit sie trägt. Und alle Meinungsumfragen können dem Politiker nicht die Gewißheit verschaffen, daß er besser als das Volk weiß, was dieses will. Dieser Wille mag in den Augen einer übergeordneten Instanz „schlecht" sein, in der Demokratie sollte er das Maß der Personen (wie bei der Wahl des Parlaments) und der Dinge sein. Das gilt für die Fernsehfreiheit (die des Sonntags wie die aller Bürger) ebenso wie etwa für Schwangerschaftsabbruch, Ehescheidung, Eltern-Kind-Verhältnis oder Energiepolitik.

b) Mit dem Kompetenzzuwachs des Volkes geht regelmäßig ein *Kompetenzverlust des Berufspolitikers* einher. Ich begrüße ihn, weil der Politiker damit von Verantwortung entbunden wird, die er im Grunde nie tragen konnte, die ihn überforderte. Wer als einzelner oder als Minderheit will das kulturelle und technische Innovationsverbot wirklich verantworten, mit dem manchem die Medienfreiheit in Deutschland belastet scheint? Wer das unbestreitbare Restrisiko der Kernenergie? Auch dem Politiker selbst wird die Überbürdung oder Teilung der Entscheidung willkommen sein. Sie muten ihm Verantwortung nur noch

– aber auch überall – da zu, wo sie sinnvoll von ihm allein getragen werden kann. Mit ihm werden natürlich zugleich die *politischen Parteien* in ihrem Einfluß beschränkt. Sie werden auf diese Weise daran erinnert, daß ihre Funktion in der Mitwirkung an der politischen Willensbildung, nicht ihrer Monopolisierung oder Ersetzung besteht. Den Minderheitenparteien und den Minderheiten in den Parteien eröffnet sich freilich als Ausgleich die Chance außerparlamentarischer Opposition.

c) Der Kompetenzzuwachs des Bürgers und der Kompetenzverlust des Staates stellen zugleich für beide Teile wieder den *Konnex zwischen Entscheidung und Verantwortung* her, den die Demokratie nicht entbehren kann. Das Bundesverfassungsgericht hat einmal als demokratischen Grundsatz herausgestellt, daß, wer Verantwortung trägt, auch die zu verantwortende Entscheidung treffen darf und muß[5]. Was das Gericht zur Abwehr ministerialfreien Raums als elementaren Anspruch der Regierung in der Demokratie formuliert hat, gilt auch für das Volk; Last und Folgelast der Entscheidung liegen in einer Hand. Die finanzielle und schicksalhafte Last, die Endlast politischer Entscheidungen tragen die Regierten, die Steuerzahler, die Bürger. Demokratisch ist diese letztliche Überbürdung der politischen Zeche auf die Gesellschaft nur, wenn diese mitbestimmt. Nur unter dieser Voraussetzung darf man mit demselben Bundesverfassungsgericht davon sprechen, daß das Restrisiko der Kernenergie eine „sozialadäquate Last" sei, die die Gesellschaft zu tragen habe[6]. Das ist es, wenn die Gesellschaft sich für sie entschieden hat. Für moralische oder ästhetische Fragen gilt nichts anderes. Die hinter dem Wort von der „sozialadäquaten Last" stehende Zumutung ist für unsere Demokratie nur erträglich, wenn die lästige Entscheidung nicht allein von Minderheiten wie Parteitagen, Subventionsempfängern oder Stellvertretern getroffen worden ist.

d) Die Einschaltung des Bürgers in den Alltag der Politik soll auch noch etwas anderes wieder ins Lot bringen. Die konkurrierenden, teils auch einander ausschließenden Kompetenzen von Volk und Staat zwingen zum *Dialog.* Der Umgang miteinander wird, weil er Begründungen, Aussprachen, Kompromisse verlangt, den Rechtsstaat stärken, er wird das Vertrauen des Bürgers in die politische Moral und den Respekt des Politikers vor dem Bürgerverstand wiederherstellen. Das politische Geschäft steht allen offen und wird wieder ehrbar.

---

[5] BVerfGE 9, 269/281 f. im Anschluß an BayVerfGH n.F.4 II 30/47.
[6] BVerfGE 49, 89/143 – Kalkar. Vgl. auch BVerfGE 53, 30/55 ff.

e) Zugleich wird erreicht werden können, was vielen wünschenswert erscheint: nämlich *weniger Staat,* vor allem weniger Gesetze. Eine Flut von Gesetzesinitiativen ist, wie ich den Erfahrungen aller mir vertrauten Staaten entnehme, vom Volk nicht, jedenfalls nicht auf Dauer zu erwarten; an die Fruchtbarkeit seiner Parlamente wird das Volk nie heranreichen, sie deshalb auch nicht ersetzen können. Im Gegenteil wird das Volk, wie dieselben Erfahrungen lehren, seine Kompetenz nicht selten dazu benutzen, Parlamentsgesetze schlicht zu streichen.

II. Das Fundament

Diese Ziele sind verhältnismäßig leicht zu erreichen. Unser Volk hat das Zeug dazu, nämlich ein hohes Bildungs- und Ausbildungsniveau und die niedrigste Sollarbeitszeit unter den westlichen Industrienationen (einschließlich Japans). An Verständnis und Zeit wird es also nicht fehlen. Vor allem aber enthalten unsere Verfassungen wichtige Fundamente, auf denen weitergearbeitet werden kann.

1. Das direktdemokratische Grundgesetz

Das Grundgesetz wird nun allerdings von den meisten so verstanden, als sperre es sich vor übermäßig direkter Demokratie. In der Tat war im Parlamentarischen Rat nach verheißungsvollen Ansätzen in den Vorentwürfen die Abneigung gegen Volkskompetenzen recht deutlich. Und es läßt sich nicht leugnen, daß Art. 29 GG (und früher 118 GG) die einzige Norm ist, die Volksabstimmungen in einem konkreten Sachbereich regelt. In vorsichtigster Weise räumt sie dem Volk in Neugliederungsangelegenheiten eine Art beratender Stimme ein. Und von einer Personalkompetenz des Volkes wissen nur Art. 38 ff. und Art. 28 I 2 GG etwas, die im wesentlichen von der Wahl des Gesetzgebers, nicht von seiner Abwahl, auch nicht von der Wahl und Abwahl anderer Organe handeln. Von dieser schmalen Basis aus läßt sich kaum dafür streiten, daß wir in einer direkten Demokratie lebten.

Doch wäre auch der umgekehrte Schluß, im übrigen verbiete das Grundgesetz direkte Demokratie, übereilt und unter der Würde der Verfassung. Ich glaube, daß das Grundgesetz schon in seiner heutigen Gestalt es gestattet, ja, sogar fordert, auf die von mir beschriebenen Ziele im Wege direkter Demokratie zuzugehen. Ich stütze diese Auffassung auf drei Säulen: Das Demokratieprinzip des Art. 20 I, II, III, das Sozialstaatsprinzip des Art. 20 I, 28 I 2, und das Föderalismusprinzip, Art. 20 I, 28 I 1 GG.

a) Das wohlverstandene Demokratieprinzip. Im Demokratieprinzip des Art. 20 I–III ist die Generalvollmacht des Volkes angelegt. Ich will das erläutern. Was Abs. 1 des Art. 20 unter Demokratie versteht, wird in den Absätzen 2 und 3 erklärt. Zunächst zum *Absatz 2:* Die Bestimmung, alle Staatsgewalt gehe vom Volke aus und werde vom Volke in Wahlen und Abstimmungen und durch besondere Organe der Gesetzgebung, der vollziehenden Gewalt und der Rechtsprechung ausgeübt, drückt durch die Art und Reihenfolge der Formulierung klar aus, daß dem Volk eine uneingeschränkte Personal- und Sachkompetenz, den besonderen Organen des Staates nachrangige Sonderkompetenzen, die untereinander und von der des Volkes abgegrenzt sind, zustehen. Keinem der Organe wird etwa eine Zuständigkeit zugewiesen, die die Konkurrenz oder den Vorrang des Volkes ausschlösse. Ich will noch einen Schritt weitergehen: Das Volk ist nicht nur alleinige Quelle der Staatsgewalt, Absatz 2 Satz 1, sondern übt sie auch allein aus. Und zwar unmittelbar und selbst in Wahlen und Abstimmungen, im übrigen durch die genannten besonderen Organe. Volk und besondere Staatsorgane sind also nicht je verschiedene Ausüber der Staatsgewalt. Für das Parlament ist das geläufig; es vertritt das Volk bei der Ausübung der Staatsgewalt. Dasselbe gilt aber auch für die beiden anderen Gewalten, denn Satz 2 macht insofern keinen Unterschied zwischen ihnen. Wie es der Wortlaut und die Demokratie nahelegen, ist Abs. 2 Satz 2 also zu lesen: Das Volk übt die Staatsgewalt in Wahlen und Abstimmungen und durch besondere Organe... aus. *Absatz 3* bestätigt diesen Vorrang der Volkskompetenz: Er statuiert Rechtsbindungen der besonderen Staatsorgane (und diese in unterschiedlicher Intensität), nicht aber des Volkes. Die Zuständigkeiten der besonderen Organe sind also stets solche, die besonders zugewiesen sein müssen und unter Rechtsvorbehalten stehen. Die des Volkes sind dagegen weder enumeriert noch limitiert. In der nicht ganz genauen Terminologie, die uns aus der Verteilung der Gesetzgebungskompetenz geläufig ist: Es spricht die Vermutung für die Bürgerkompetenz. Kompetenzen der Staatsorgane sind restriktiv auszulegen, wenn sie in den Bereich des Popularvorbehalts überzugreifen drohen. Das Schweigen des Grundgesetzes zur Personal- und Sachkompetenz des Volkes außerhalb der Art. 20, 29, 118, 38 ff. und 28 I ist also ein beredtes. Die eindeutige Grundregel für die Verteilung der Macht zwischen Volk und Staatsapparat ergibt sich aus Art. 20 II, III GG. Sie enthält den Auftrag an den Gesetzgeber, alles zu tun, was der Bürgerkompetenz förderlich, alles zu unterlassen, was ihr hinderlich ist. Dieser Auftrag ist bislang nicht erfüllt.

b) Der Demokratiegehalt des Sozialstaatsprinzips. Die zweite Säule, auf die ich den Auftrag des Grundgesetzes zur direkten Demokratie stütze, ist das Sozialstaatsprinzip, Art. 20 I, 28 I 1 GG. Dies aus zwei Gründen. Erstens: Das Prinzip reguliert Lasten und Leistungen, die der Staat der Gesellschaft zudenkt. Im Vordergrund des Interesses pflegen die Leistungen, die der Staat der Gesellschaft erbringt, zu stehen. Aber sie müssen, wie der Staat selbst, bezahlt werden. Hauptressource des Staates ist die Gesellschaft selbst. Individuen, Gruppen oder die Gesamtheit tragen die Lasten, sind also die eigentlich Leistenden. Der Staat initiiert, verteilt, kontrolliert. Last und Leistung gehören in gleicher Weise zum Bild des Sozialstaats. Sonderlasten einzelner und von Minderheiten rechtfertigen sich aus der Solidarität und Homogenität des Empfänger-Geber-Kreises. Gruppensolidarität kann, wenn der Begriff noch einen prägnanten Sinn haben soll, aber nicht solche Lasten rechtfertigen, die der ganzen Gesellschaft zugemutet werden. Diese vielschichtige Gesellschaft bindet kein Solidargefühl, das, außer im Extremfall der Sozialfürsorge, Leistungsmotiv und -grund sein könnte. Die Belastungsfähigkeit und -bereitschaft rührt vielmehr von dem vorhin beschriebenen Konnex zwischen Entscheidung und Verantwortung her. Die Gesellschaft ist zur Selbstbelastung bereit. Und sie ist ihr auch zumutbar. Die Symmetrie zwischen Entscheidung und Verantwortung stellt den Zusammenhang zwischen Demokratie und Sozialstaat her. Sozialstaatlich gerechtfertigt können nur solche Lasten sein, die auf der Leistungsentscheidung der Betroffenen beruhen. Sie müssen zur Entscheidung herangezogen werden. Die Verfahren hierfür liefert die direkte Demokratie.

Zweitens: Sozial ist der Staat, wenn er sich leistend auf die Gesellschaft zubewegt, sich gleichzeitig aber auch umgekehrt der Leistung der Gesellschaft öffnet. Sozialität ist eine Zweibahnstraße. Sie hat für beide Teile, Gesellschaft und Staat, eine aktive und eine passive Komponente. Der Leistungskompetenz des Staates steht der Leistungsanspruch der Gesellschaft gegenüber. Hinzu tritt aber die Leistungs*kompetenz* des Bürgers, d.h. die Kompetenz, am Staat unmittelbar mitzuwirken. Der Sozialstaat ist dementsprechend verpflichtet, die *Integration des Bürgers* in den Staat zu fördern. Diese integrative Funktion des Sozialstaatsprinzips, die nach dem Ausbau direkter Demokratie verlangt, ist bislang zu wenig beachtet worden.

Aus diesen beiden Gründen hat der Bürger im Sozialstaat „Anspruch" auf Teilhabe am Staat. Er tritt neben den Anspruch auf Wohlfahrts- und Anstaltsnutzung, auf grundrechtliche Teilhabe. Daß es dennoch nicht zu unwiderruflicher Verbrüderung oder Verschmelzung von Gesellschaft und Staat kommt, dafür sorgen nach wie vor die Grundrechte als Rechte, den Staat abzuwehren. Das Sozialstaatsprinzip schützt die Konvergenz von Bürger und Staat. Die Bürgerkompetenz realisiert sich in den Verfahrensweisen der direkten Demokratie.

c) Demokratiezuwachs im Bundesstaat. Das dritte Fundament der Bürgerkompetenz sehe ich im *Föderalismusprinzip.* Allgemeiner stütze ich dies auf den Sinn des Bundesstaates, spezieller auf Art. 28 I GG.

aa) Der Bundesstaat hat seinen Sinn auch darin, daß die territorialen Untergliederungen Probebühnen für Alternative und Experiment bereitstellen. Im überschaubaren Rahmen der kleineren Entscheidungseinheit können Personen Profil und Ideen Kontur gewinnen, für die in der Zentrale noch kein Platz ist. Mit geringerem Risiko und manchmal größerem Erfolg kann sich hier bewähren, was dann von der Zentrale einmal übernommen werden kann. Auf die Bundesrepublik angewandt: Bund und Länder sind nicht von einander abgeschottete Einheiten, und der Vorrang des Bundes gibt nur die eine Seite der Sache wieder. Ebenso starken Einfluß üben umgekehrt die Länder auf den Bund durch ihre Individualität aus. Das unterschiedliche Gewicht der bundesweiten politischen Parteien im Bund und in den Ländern und die verschiedenen Koalitionskunstwerke sind ein Beispiel. Die direkte Demokratie in der Bundesrepublik wird heute vornehmlich von den Ländern praktiziert, auch dort, wie noch in Erinnerung zu rufen sein wird, in unterschiedlichen Formen. Dies kann in einem lebendigen Bundesstaat nicht als Selbstzweck und Erfüllung verstanden werden. Der Bundesstaat ist – wie anders verfaßte Staaten auch, aber doch wohl in stärkerem Maße – auf Fortentwicklung, ständige Bewährung der Arbeitsteilung und Kooperation angelegt. Dazu gehört, daß der Bund sich vergewissert, ob das Experiment direkte Demokratie auf der kleineren Bühne der Länder gelingt, und daß er bereit ist, Bewährtes sich ausdehnen und Bundesformat annehmen zu lassen. Ganz abgesehen davon, daß der demokratische Sozialstaat es nicht erlaubte, wäre die weitere Zurückhaltung des Bundes gegenüber der direkten Demokratie nur schwer mit dem Bilde des lebendigen Bundesstaats vereinbar. .

bb) Hinzu kommt speziell: Art. 28 Abs. 1 verlangt, daß die verfassungsmäßige Ordnung in den Ländern den Grundsätzen der Demokratie i.S. des Grundgesetzes entspricht. Bund und Länder sollen eine homogene Verfassungsstruktur haben. Dieses Gebot ist, wenn ich recht sehe, zu keiner Zeit so verstanden worden, als weise es die Länder an, die direkte Demokratie zu beseitigen oder nicht einzuführen. Einige Länder haben zwar die Skepsis des Parlamentarischen Rates gegenüber der direkten Demokratie aufgenommen und sich in ihren auf das Grundgesetz folgenden Verfassungen auf die repräsentative Demokratie beschränkt. Aber auch sie haben damit keinem Befehl des Grundgesetzes zu folgen geglaubt, sondern einer rechtspolitischen Empfehlung seiner Autoren. Art. 28 Abs. 1 verbietet den Popularvorbehalt nicht. Für die Gemeinden weist Satz 3 sogar ausdrücklich darauf hin, daß die Volkskompetenz ausschließlich sein darf. Sätze 2 und 3 machen ganz deutlich, daß die Bundesverfasung die neben die Volksvertretung tretende Volkskompetenz nicht ausschließen wollte. Satz 2 läßt im übrigen zu, daß das Volk das Länderparlament jedenfalls in einzelnen Materien, wenn auch nicht als Institution verdrängen darf. Diese Toleranz des Homogenitätsgebots muß auf die Auslegung des Grundgesetzes selbst zurückstrahlen. Wenn Demokratie „im Sinne dieses Grundgesetzes" auch direkte Demokratie sein kann, ist das Grundgesetz offen für *bundesweite* direkte Demokratie. Die Homogenitätsklausel spricht gegen jede Interpretation, die das Grundgesetz auf die rein repräsentative Demokratie festlegen will. Sie bestätigt damit unseren schon zuvor gewonnenen Eindruck[7].

2. Die direktdemokratischen Landesverfassungen

Welche Anregungen gehen nun im einzelnen von den Ländern aus?

a) Der Trend zur direkten Demokratie in den Ländern. Von Anbeginn an zeigten sich die meisten Länder der direkten Demokratie gegenüber aufgeschlossen und der Weimarer Tradition verbunden. Hamburg, Niedersachsen und Schleswig-Holstein allein hielten sich zurück, womöglich unter britischem Einfluß. Die siebziger Jahre haben der direkten Demo-

---

[7] Angesichts dieses verfassungsrechtlichen Befundes kommt es mir auf die Frage, ob nun konkrete Verfahren der direkten Demokratie durch einfaches Gesetz eingeführt werden könnten (vgl. *Bleckmann*, JZ 1978, 217 ff.) oder auf die Änderung des Grundgesetzes angewiesen sind, nicht an. Der allgemeinen Praxis, auch im Ausland, entspricht wohl eher die Aufnahme in die Verfassung; sie entspricht auch der Würde des Volkes. Das besagt nicht, daß sie unbedingt notwendig ist. Übrigens dürfte die erforderliche Mehrheit für die Verfassungsänderung nicht schwerer zu gewinnen sein als für ein einfaches Gesetz: Nach der heutigen Konstellation käme die Verfassungsänderung nur mit Hilfe der Opposition zustande. Minderheitenparteien sind bisher immer am leichtesten für die direkte Demokratie zu gewinnen gewesen. Die Schwierigkeit wird sowohl für die Verfassungsänderung als auch für das einfache Gesetz darin bestehen, die Regierungsparteien zu überzeugen.

16

kratie weiteren Aufwind verschafft. 1974 führte Baden-Württemberg zusätzlich zu schon vorhandenen direktdemokratischen Elementen die eigentliche Volksgesetzgebung ein[8], 1978 diskutierte der Schleswig-Holsteinische Landtag aufgeschlossen, und durch die konstruktiven Wirkungen eines nordrhein-westfälischen Volksbegehrens von 1978 angeregt, die Einführung der direkten Demokratie[9]; das Ende der Legislaturperiode unterbrach die Vorarbeiten. 1979 gab sich das Saarland einen neuen Verfassungsteil, der die Organisationsnormen der Verfassung von 1947 ablöste und eine Volksgesetzgebung einführte, die dem Wunsch des Bürgers nach mehr Mitarbeit am Staat sehr viel besser gerecht wird als die alte, bescheidenere Regelung[10]. Im letzten Jahrzehnt hat auch der Bürger energischer dazu beigetragen, die vorhandenen Verfahren mit Leben und Wirkung zu erfüllen. Dabei steht Bayern allen voran. Den einzigen normativen Rückschlag mußten die Berliner hinnehmen. 1974 strich das Abgeordnetenhaus ersatzlos die Volkskompetenz, die Verfassung zu ändern und Gesetze zu erlassen[11], die schon vorher leergelaufen war, weil das Ausführungsgesetz fehlte und von niemandem eingeklagt oder ersetzt wurde. Es ist schade, daß der Gesetzgeber damit einer Bevölkerung die Teilhabe am Staat beschnitt, der besondere politische Wachheit und Vernunft nachgerühmt wird. Immerhin erscheint es redlich, Normen, an deren Erfüllung man ohnehin nicht

---

[8] SPD-Initiative Drs. 6/1115; PlPr. 6/16, S. 807–815. CDU-Initiative Drs. 6/2521; PlPr. 6/30, S. 1739–1742. Ausschußkompromißempfehlung Drs. 6/4828; PlPr 6/54, S. 3451–3456. Gesetzesbeschluß Drs. 6/5065; GBl. 1974, 186. Zur Änderung des Volksabstimmungsgesetzes Drs. 6/7260, 7958, 8224, 8290; PlPr. 6/83, 94; GBl. 1975, 680.

[9] FDP-Initiative Drs. 8/1187, 1188 (Volksbegehren ohne Volksentscheid, also ähnlich wie Art. 41 II österreich. B.-VG.; PlPr. 8/61, S. 4110–4124. CDU-Initiative Drs. 8/1254 (ähnlich, jedoch ausdrücklich auf Gesetzesentwürfe bezogen, die ausgearbeitet und begründet sein sollten, und mit höherem Quorum); PlPr. 8/62, S. 4212–4220. Beide Vorschläge wurden an die Ausschüsse überwiesen.

[10] Änderungsgesetz Nr. 1102 vom 4. Juli 1979, ABl. 1979, 650. Zur Entstehung: Enquête-Bericht Drs. 7/1260; Initiative aller Fraktionen auf der Grundlage des Enquête-Berichts Drs. 7/1773; PlPr. 7/62, S. 3369–3381; 7/64. Zum geplanten Ausführungsgesetz Anfrage Drs. 7/1997 und Antwort Drs. 7/2089. Zur Änderung des VerfGHG Drs. 7/2113, 2154; PlPr. 7/76, S. 4091, 7/77, S. 4116–4119; Gesetz Nr. 1121 vom 19. März 1980, ABl. 1980, 546.

[11] Art. 45 II, 49, 88 II a. F.; 17. Änderungsgesetz vom 22. November 1974, GVBl. 1974, 2741. Zur Entstehung: CDU-Initiative 1971 (!) Drs. 6/87; PlPr. 6/9, S. 175–176 betreff. Ausführungsgesetz zu Art. 39 (Auflösung des Parlaments durch Volksentscheid); Senatsvorlage 1974 (!) Drs. 6/1445.

denkt, zu streichen; der Bürger weiß dann, woran er ist. Auch muß gesehen werden, daß nicht nur Skepsis gegenüber der direkten Demokratie im Spiel war. Die westalliierten Besatzungsmächte sollen darauf bestanden haben, daß sich die Kompetenz sowohl des in der Berliner Verfassung vorgesehenen Verfassungsgerichtshofs als auch die des Volkes auch auf nach Berlin übernommene Bundesgesetze erstreckten[12]. Das Abgeordnetenhaus sah dadurch die Rechtseinheit zwischen dem Bund und Berlin bedroht und zog es vor, von beiden Verfassungsaufträgen keinen Gebrauch zu machen[13]. Obwohl gleichzeitig die Kompetenz des Volkes, das Parlament aufzulösen, Art. 39 I berl.LVerf., genauer formuliert und ein Ausführungsgesetz erlassen wurde[14], blieb doch ein antiplebiszitärer Stich zurück: Die Gesetzgebungskompetenz des Volkes wurde gestrichen, der Auftrag zur Errichtung des Verfassungsgerichtshofs lediglich suspendiert. Auch die Zuständigkeit zur Änderung der Verfassung entfiel, Art. 88 II a.F., obwohl von hieraus wohl kaum Gefahren für die Rechtseinheit ausgegangen wären. Und schließlich gestand die Regierungsbegründung ganz offen, daß es die Volksgesetzgebung nicht für zweckmäßig hielte[15].

Der Berliner Alleingang ändert nichts daran, daß sich der Trend zur direkten Demokratie in den Ländern in den letzten zehn Jahren eher verstärkt hat. Die Länder sind in einen umfassenden Dialog mit dem Bürger eingetreten, auf dessen Grundlage sich weiterarbeiten läßt.

b) Die Personalkompetenzen des Volkes in den Ländern. Über welche *Personalkompetenzen* verfügt das Volk in den Ländern? Sie sind beschei-

---

[12] Drs. 6/1445, S. 2; PlPr. 6/81, S. 2897.

[13] Drs. 6/1445; PlPr. 6/81, S. 2897–2899; 6/84, S. 3061–3064. Was die mögliche Beeinträchtigung der Rechtseinheit durch den Verfassungsgerichtshof anlangt, bedachte der Gesetzgeber allerdings nicht, daß das Problem kein geringeres war, wenn man den Fachgerichten die Prüfung der Verfassungsmäßigkeit überließ; hier kam sogar noch die Gefahr der Divergenz hinzu. Komplizierter liegen die Dinge bei der Gesetzgebung. Wenn die Art. 70 ff. GG in Berlin gelten sollten, wären wohl die einmal nach Berlin übernommenen Bundesgesetze für den Berliner Gesetzgeber nicht mehr disponibel. Daran hätte sich auch die Volksgesetzgebung zu halten, selbst wenn sie sich verbal auf das gesamte Berliner Recht einschließlich des übernommenen Bundesrechts bezöge.

[14] Drs. 6/1447, 1594, 1595. Gesetz vom 27. November 1974, GVBl. 1974, 2774, geändert durch Gesetz vom 8. Dezember 1977, GVBl. 1977, S. 2337; Landesabstimmungsverordnung vom 22. September 1976, GVBl. 1976, S. 2291.

[15] Drs. 6/1445, S. 2. Der FDP-Antrag, zum Ausgleich wenigstens Bürgerbegehren und Bürgerentscheid in wichtigen kommunalen Angelegenheiten einzuführen, PlPr. 6/84, S. 3061, scheiterte. Das 1978 eingeführte Bürgerbegehren auf Bezirksebene ist ein schwacher Abglanz.

dener als seine Sachkompetenzen. Das Parlament wird natürlich überall gewählt; bei der Wahl oder Ernennung der Amtswalter der anderen Staatsorgane spricht das Volk dagegen nicht mit. *Abwählen* kann das Volk das Parlament in Baden-Württemberg[16], Bayern[17], Berlin (West)[18] und Rheinland-Pfalz[19]. In den letzten drei Ländern kann das Parlament dem Mißtrauensvotum durch Selbstauflösung zuvorkommen[20]. In Berlin muß mehr als die Hälfte der Stimmberechtigten an der Abstimmung teilnehmen[21]; die anderen Länder kennen ein derartiges Beteiligungsqorum, das sich bereits in Weimar als wenig konstruktiv erwiesen hat[22], nicht[23]. Die Mehrheit der Abstimmenden fällt – außer in Baden-Württemberg, wo es auf die Mehrheit der Stimmberechtigten ankommt[24] – die Entscheidung[25]. „Seinen" Abgeordneten kann der Bürger nicht abberufen. Wie die anderen Staatsdiener ist er dem Bürger auch keine Rechenschaft schuldig, weder vor der Wahl zu seiner Person, noch nach der Wahl zu seiner Amtsführung. Der Bürger kann erst bei der nächsten Wahl reagieren. Viele sehen darin ein Argument für kürzere Wahlperioden. Darüber hinausreichende Personalkompetenzen kennen Bremen und Nordrhein-Westfalen. Dort kann das Volk zusammen mit der Bürgerschaft den Senat stürzen[26], hier die Regierung sich auf eigene Initiative (nach gescheiterter Gesetzesvorlage) durch das Volk zu Fall bringen[27]. Beide Zuständigkeiten sind bisher bedeutungslos geblieben.

---

[16] Art. 43 (Artikel ohne besonderen Zusatz sind Artikel der jeweiligen Landesverfassung).

[17] Art. 18 III.

[18] Art. 39 I.

[19] Art. 109 I lit. b

[20] Art. 18 I BV; Art. 39 I blnLVerf.; Art. 84 I rhpfLVerf.

[21] Art. 39 I 4.

[22] Dazu noch unten II 3, III 3.

[23] Es wird sich allerdings bei der Durchführung der im Januar 1981 initiierten Begehren zur Auflösung des Berliner Abgeordnetenhauses kaum als hinderlich erweisen.

Die Zulassungsvoraussetzung von 80 000 Unterschriften haben beide Begehren ohne Schwierigkeiten erfüllt. Von den rd. 2 Millionen Einwohnern in Berlin (West) sind wenig über 1,5 Millionen stimmberechtigt. Ca. 305 000 müßten sich dem Begehren anschließen, ca. 765 000 sich für die Auflösung entscheiden. Nachdem die CDU in den Wahlen 1979 bereits 570 174 Stimmen erhalten hat, dürften diesmal beide Hürden zu nehmen sein.

[24] Art. 43 I.

[25] Art. 18 III BV; Art. 109 IV 2 rhpflLVerf.; § 29 blnAusführungsgesetz.

[26] Art. 70 I lit. b, 110.

[27] Art. 68 III 2 zweite Alternative.

c) Besondere Aufmerksamkeit haben die Länder der *Sachkompetenz* des Volkes zugewandt. Bayern, Bremen[28], Hessen[29], Nordrhein-Westfalen[30] und die drei Vorgänger Baden-Württembergs[31] legten bereits Wert darauf, daß die Verfassungen selbst vom Volk angenommen wurden. Was sehen nun die Verfassungen vor? Um den Überblick zu vereinfachen, möchte ich vorab die Verfassungs- von der Gesetzgebungskompetenz trennen. Ferner werde ich – mit einer verbreiteten, aber durchaus nicht einmütigen Terminologie – Initiative und Referendum unterscheiden. Initiative heißt, daß das Volk Herr des Gesetzgebungsverfahrens ist, auch den Gesetzesentwurf selbst einreicht, notfalls auch über ihn selbst entscheidet. Das Referendum überweist dagegen dem Volk einen fremden Entwurf zur Entscheidung, bisweilen auch nur zur Konsultation; es kann von den Staatsorganen, u.U. aber auch vom Volk selbst eingeleitet werden.

aa) Zunächst zur *Verfassungskompetenz.* Sie ist die Zuständigkeit des Volkes, die Verfassung zu ändern. Sie gehört zur Grundausstattung der direkten Demokratie. Häufig ist sie das einzige direkt demokratische Element in Verfassungen, die im übrigen nur repräsentativ demokratische Züge kennen[32].

Man sollte vermuten, daß jedenfalls die Länder, die das Volk über die Annahme der Verfassung haben entscheiden lassen, ihm auch die Änderungskompetenz zugestehen. Überraschenderweise haben sich nicht alle Bundesländer zu dieser natürlichen Symmetrie entschließen können. Nordrhein-Westfalen etwa kennt keine Änderungskompetenz des Volkes, obwohl die Verfassung erst nach Annahme durch das Volk wirksam geworden ist. Unter diesen Umständen verliert der Annahmeakt vieles von seiner demokratischen Würde.

---

[28] Art. 155 I.

[29] Art. 160 I 1.

[30] Art. 90 I.

[31] 1946 Württemberg-Baden, 1947 Baden, 1947 Württemberg-Hohenzollern.

[32] Zur Verfassungsinitiative: Art. 41 II ö. B.-VG.; Art. 120, 121 schw. BV. Zu den US-Staaten Index Digest a. a. O. (Anm. 2), S. 556ff.
Zum Verfassungsreferendum: Dänemark Art. 88; Irland Art. 46.2, 47.1; Island Art. 69 IV (betreff. Materien des Art. 62); Italien Art. 138 II (bedingtes Referendum, vgl. Art. 138 III); Frankreich Art. 89 II 2 (bedingtes Referendum, vgl. Art. 89 III); Japan Art. 96 (1); Schweiz Art. 123 (obligatorisch); Österreich Art. 44 II (obligatorisch für Gesamtänderung, fakultativ für Teiländerung). Zu den US-Staaten vgl. Index Digest, a. a. O. (Anm. 2), S. 9 ff.

(1) Die Verfassungs*initiative* kennen Baden-Württemberg[33], Bayern[34], Bremen[35] und Rheinland-Pfalz[36]. Sie führt in Bayern zum Erfolg, wenn die Mehrheit der Abstimmenden zustimmt, in den anderen drei Ländern, wenn die Mehrheit der Stimmberechtigten einverstanden ist[37]. Die Bayern haben besonders intensiven Gebrauch von dieser Kompetenz gemacht. Politisches Reizklima und freundliche Quoren mögen die Erklärung sein. Drei Initiativen 1967 galten dem Schulsystem, Art. 135 BV, im Ergebnis mit Erfolg; auch die Initiative Rundfunkfreiheit setzte sich im Ergebnis 1973 durch, Art. 111a BV. Auf der Strecke blieben Initiativen zur Gebietsreform 1971 und 1978, zur Lernmittelfreiheit 1977, zur Erweiterung des Senats 1979/80.

(2) Verfassungsinitiative und Verfassungs*referendum* treffen nicht immer zusammen. Hessen kennt keine Initiative, aber ein obligatorisches Referendum: Der änderungsbereite Gesetzgeber muß das Volk heranziehen[38]; dies hat er zweimal mit Erfolg getan (1950 zum Wahlrecht, 1970 zur Herabsetzung des Wahlalters). Ähnlich liegt es in Nordrhein-Westfalen: Keine Initiative, aber doch ein bedingt obligatorisches Referendum. Wenn die zur Verfassungsänderung notwendige Zweidrittelmehrheit nicht erreicht wird, kann sich der Landtag oder die Regierung an das Volk wenden[39]. Umgekehrt kennt Rheinland-Pfalz zwar die Verfassungsinitiative, verzichtet aber auf das Referendum; mit der notwendigen Mehrheit kann der Landtag allein die Verfassung ändern[40].

Das Referendum ist obligatorisch auch in Bayern[41]. Es ist dort ebenfalls zweimal in Wahlsachen (1970/73) mit Erfolg durchgeführt worden. Ein bedingt obligatorisches Referendum wie in Nordrhein-Westfalen finden wir in Bremen vor für den Fall, daß sich die Bürgerschaft nicht einigen kann[42].

---

[33] Art. 60 III 2, 3.
[34] Art. 75 I 1 i.V.m. Art. 72 I, 74.
[35] Art. 125 i.V.m. Art. 123 I, 72 II 1.
[36] Art. 129 I zweite Alternative.
[37] Art. 63 III 3 bwLVerf.; Art. 72 II 1 bremLVerf.; Art. 129 I zweite Alternative rhpfLVerf.
[38] Art. 123 II.
[39] Art. 69 II.
[40] Art. 129 I erste Alternative.
[41] Art. 75 II 2.
[42] Art. 70 I lit. a, 125 IV. Ein Antrag der CDU vom 29.10.1979, das Verfassungsreferendum in jedem Fall, d.h. auch bei Einstimmigkeit, obligatorisch zu machen, scheiterte. Drs. 10/5; PlPr 10/1, S. 43.

Baden-Württemberg hat neben der Änderung durch den Landtag und der Initiative das *fakultative* Referendum eingeführt, d. h. ein Verfassungsreferendum, dessen Einleitung im Ermessen eines Staatsorgans, hier: der Landtagsmehrheit, liegt[43]. Dies entspricht der österreichischen Anregung für Teiländerungen der Verfassung[44].

bb) Noch umfänglicher haben die Länder die *Gesetzgebungskompetenz* des Volkes ausgestaltet. Auch das Saarland hat sich angeschlossen, obwohl es sich auch bei der Reform 1979 zur *Verfassungs*kompetenz nicht hat entschließen können. Wie in Nordrhein-Westfalen können sich daraus Probleme ergeben. Wer ein Volksbegehren initiieren will, ist vorab mit der Frage belastet, ob seine Ziele mit der geltenden Verfassung vereinbar sind. Mancher vernünftige Reformgedanke wird hier sein vorschnelles Ende finden. Auch die umgekehrte Lösung, *nur* die Verfassungskompetenz zu gewähren, befriedigt nicht, weil sie dazu verleitet, die Verfassung mit technischen Details zu überlasten[45]. Das Nebeneinander von Verfassungs- und Gesetzgebungskompetenz, zu dem sich die Mehrzahl der Bundesländer entschlossen hat, ist daher zu begrüßen.

(1) Die Gesetzes*initiative* hat sich dabei stärker durchsetzen können als das Gesetzesreferendum. In Baden-Württemberg[46], Bayern[47], Bremen[48], Hessen[49], Nordrhein-Westfalen[50], Rheinland-Pfalz[51] und im Saarland[52] kann das Volk zu Volksbegehren und Volksentscheid in Gesetzgebungsmaterien schreiten.

Das *Begehren* besteht aus einem ausgearbeiteten Entwurf, den die Initianten in vier der sechs Länder begründen müssen[53]. Das Quorum schwankt zwischen 1/10 der Stimmberechtigten in Bayern[54] (wie in Wei-

---

[43] Art. 64 III 1.
[44] Art. 44 II B.-VG.
[45] Diese Erfahrungen macht die Schweiz auf Bundesebene. Die Expertenkommission für die Vorbereitung einer Totalrevision der Bundesverfassung schlägt daher die Einheitsinitiative vor; vgl. Art. 64, 66 VE 1977 und S. 142–144 des Kommissionsberichts 1977.
[46] Art. 59 ff.
[47] Art. 71 ff.
[48] Art. 70 I lit. c, 71 ff.
[49] Art. 116 I lit. a, 117, 124.
[50] Art. 68.
[51] Art. 109.
[52] Art. 99, 100.
[53] Art. 59 II 1 bwLVerf.; Art. 74 II BV; Art. 68 I 2 nrwLVerf.; Art. 99 II 1 saarlLVerf.
[54] Art. 74 I.

mar), ⅙ in Baden-Württemberg[55] und ⅕ in Bremen[56], Hessen[57], Rhein-land-Pfalz[58] und im Saarland[59]. Über die Landesregierung erreicht das Begehren den Landtag. Macht dieser es sich unverändert zu eigen, hat es damit sein Bewenden. Andernfalls kommt es zum Volksentscheid. In Baden-Württemberg, Bayern und im Saarland kann der Landtag einen eigenen Entwurf als Alternative zur Entscheidung stellen[60]. Keines der Länder hat also die z.B. in den US-Staaten häufige Form der direkten Initiative gewählt, bei der sich die Initianten unmittelbar an das Volk wenden, das Parlament also nicht eingeschaltet wird[61]. Die indirekte Initiative, für die sich die Bundesländer entschieden haben, erscheint mir praktikabler. Sie erfüllt ganz ihren Zweck, einen Gesetzesentwurf durchzubringen, gestattet dem Parlament – in letzter Minute – einen konstruktiven Beitrag, normalisiert die Volkskompetenz zunächst zur gewöhnlichen Gesetzesinitiative, so daß sie konsensfähiger wird, und entlastet schließlich den Bürger. Einer etwa dissentierenden Bürger-mehrheit bleibt die Gegeninitiative unbenommen.

Der eigentliche Volks*entscheid* setzt in Bremen (wie in Weimar) voraus, daß sich mehr als die Hälfte der Stimmberechtigten beteili-gen (!)[62]. Das Gesetz ist in Bayern, Baden-Württemberg, Hessen, Nord-rhein-Westfalen und Rheinland-Pfalz beschlossen, wenn ihm die Mehr-heit der abgegebenen Stimmen zustimmt[63]. Baden-Württemberg verlangt darüber hinaus, daß diese Mehrheit mindestens ein Drittel der Stimmbe-rechtigten ausmacht[64]; das Saarland besteht auf der Zustimmung von mehr als der Hälfte der Stimmberechtigten[65]. Ingesamt stellen die Län-

---

[55] Art. 59 II 2.
[56] Art. 70 I lit. c) 1.
[57] Art. 124 I 1.
[58] Art. 109 III.
[59] Art. 99 II 3.
[60] Art. 60 I 2 bwLVerf.; Art. 74 IV BV; Art. 100 II 2 saarlLVerf.
[61] Vgl. Index Digest, a.a.O. (Anm. 2), S. 553 (Gesetzesinitiative), S. 556–558 (Verfassungsinitiative).
[62] Art. 72 I.
[63] Art. 60 IV 1 bwLVerf.; Art. 72 II 2 bremLVerf.; Art. 124 III 2 hessLVerf.; Art. 68 IV 2 nrwLVerf.; Art. 109 IV 2 rhpfLVerf.
[64] Art. 60 V 2. Ähnliche Quoren finden sich z.B. in Irland, Art. 47.2 (1) für das Gesetzesreferendum, und Dänemark, Art. 42 (5) für das Gesetzesreferendum, Art. 88 für das Verfasungsreferendum. Sie sind sinnvoll, da sie verhindern, daß das Schicksal eines Vorhabens von einer relativ sehr kleinen Zahl Abstimmender entschieden wird. Sie führt zur Stimmlast aller Interessierten und ist dem reinen Beteiligungsquorum vorzuziehen.
[65] Art. 100 III.

der also – dem Rang des Vorhabens entsprechend – deutlich geringere Anforderungen als an die Verfassungsinitiative.

In der Praxis scheint mir die Initiative vor allem in Nordrhein-Westfalen fruchtbar gewesen zu sein. Dort fehlt ja die Verfassungskompetenz, so daß hier – wie im Saarland – der Bürger darauf angewiesen ist, seine Anliegen in die Form einfacher Gesetze zu gießen. Nordrhein-Westfalen hat gezeigt, daß die politische Brisanz der Initiative nicht darunter leiden muß. 1971 wurde eine Initiative zugelassen, aber nicht weiterverfolgt, 1972 eine Initiative zugelassen, aber nicht weiterverfolgt, 1972 eine Initiative nicht zugelassen, 1974 scheiterte ein Volksbegehren zur Neuordnung des Ruhrgebiets, 1978 setzte sich im Ergebnis ein Begehren zur Schulreform durch[66].

(2) Größere Zurückhaltung zeigen die Länder gegenüber dem *Gesetzesreferendum*. Es ist *nirgendwo obligatorisch;* anders als vor allem in den Schweizer Kantonen gebieten die Verfassungen nicht unmittelbar, daß der Entwurf eines Staatsorgans bzw. der Beschluß des Parlaments darüber dem Volks vorgelegt wird. Die Bundesländer folgen damit der ganz überwiegenden Mehrheit direkter Demokratien.

Stattdessen begegnen Spielarten des *fakultativen* Referendums, desjenigen Referendums also, das auf Anstoß eines dazu ermächtigten Organs oder des Volkes eingeleitet wird. Eine *Referendumsinitiative des Volkes* schließen die Länder aus, obwohl sie ein besonders wichtiges und gängiges Element direkter Demokratie ist (US-Staaten[67], Schweizer Kantone). Staatsorgane leiten von sich aus erfahrungsgemäß selten Referenden ein. Warum sollten sie sich auch einem Votum unterwerfen, das an sich nicht Wirksamkeitsvoraussetzung ist? So war vorauszusehen, daß die praktische Bedeutung gering bleiben würde. Dennoch ist der hier auftauchende Gedanke des Minderheitenschutzes und einer zweiten Instanz im Gesetzgebungsverfahren nicht ganz ohne Interesse und Sinn. Aber zunächst die Einzelheiten:

---

[66] Zum Volksbegehren gegen die kooperative Schule vgl. *Rösner,* Bildung und Politik 1980, S. 33 ff. Knapp 30% der Stimmberechtigten unterstützten das Begehren mit der Folge, daß der Landtag das erst 1977 erlassene Gesetz zur Ermöglichung der Kooperativen Schule mit Orientierungsstufe einstimmig aufhob. Ein Volksentscheid erübrigte sich daher. Nach Berichten vom Herbst 1980 dachte die CDU-Opposition an ein neues Volksbegehren gegen die nach ihrer Auffassung zu rasche Einführung der Gesamtschule. Vgl. Frankfurter Rundschau Nr. 217 vom 18. September 1980 „Volksbegehren soll Einführung der Gesamtschule verhindern".

[67] Vgl. Index Digest, a. a. O. (Anm. 2), S. 562–564.

In Baden-Württemberg kann die Regierung auf Antrag eines Drittels der Mitglieder des Landtags das Volk über einen Entwurf abstimmen lassen, den der Landtag bereits beschlossen hat, es sei denn,der Landtag beschlösse ihn erneut mit Zweidrittelmehrheit[68]. Das gleiche Verfahren steht ihr offen,wenn der Landtag ihre Vorlage abgelehnt hat[69]. In Nordrhein-Westfalen kann sich in letzterem Falle die Regierung mit dem Volke verschwören, ohne auf die Landtagsminderheit angewiesen zu sein; freilich ist ihr Risiko auch größer: Lehnt das Volk die Vorlage ebenfalls ab, muß sie zurücktreten[70]. In Rheinland-Pflaz (und bis 1979 auch im Saarland[71]) kann sich die Landtagsminderheit mit dem Volk zusammentun und das Volk über den beschlossenen Entwurf entscheiden lassen[72]. Der im normalen Gesetzgebungsverfahren Unterlegene bekommt also ein zweite Chance. Derartige Verfahren sind auch im Ausland bekannt, vor allem in Dänemark[73] wichtig geworden. Sie weisen dem Volk die Rolle einer zweiten Gesetzgebungsinstanz zu. Daran berührt mich sympathisch, daß sie die Überparteilichkeit und den Vorrang des Volkes implizieren. Dennoch zögere ich, sie zum Kernbestand direkter Demokratie zu rechnen. Wenn die zuständige Mehrheit rechtlich einwandfrei entschieden hat, sollte die Minderheit nicht mehr einen Instanzenzug erzwingen können. Das ordentliche Gesetzgebungsverfahren ist durchgeführt, eine Mehrheit hat sich formiert, damit ist in der Demokratie die Sache entschieden. Das zweite Verfahren, die Volksgesetzgebung, kann nicht „demokratischer" sein. Die parlamentarische Minderheit hat ihre Überzeugungsarbeit innerhalb des Hauses zu leisten, nicht außerhalb. Der Verfassungsgeber, der Minderheiten die außerparlamentarische Opposition zugetehen will, sollte nicht hier, beim Referendum, sondern bei der Initiative einsetzen. Berechtigter scheint es, das Volk zur Entscheidung über Patt-Situationen anzurufen, solche Schwebelagen also, die nach der Verfassung nicht demokratisch, also durch Mehrheiten, von den betiligten Organen selbst aufgelöst werden können[74]; das Volk nimmt hier die Position eines Schiedsrichters, weniger einer zweiten Instanz ein. Auch dies ist aber nicht mehr als eine

---

[68] Art. 60 II.
[69] Art. 60 III.
[70] Art. 68 III 2.
[71] Art. 101 I 1 a. F.
[72] Art. 114, 115.
[73] Art. 42 (1).
[74] Vgl. z. B. Art. 74 III, 76 II WRV.

Notlösung. Die Verfassung sollte die Staatsorgane stets unter Einigungs-
zwang setzen oder klare Hierarchien festlegen; das Volk ist nicht dazu da,
demokratisch, d. h. durch Mehrheiten, an sich nicht entscheidbare Kon-
flikte zu bereinigen.

Anders liegen die Dinge, wenn die Verfassung der – bereits siegrei-
chen – Mehrheit die Möglichkeit gibt, sich zusätzlich der Zustimmung des
Volkes zu vergewissern. Eine Parlamentsmehrheit ist zwar nicht angewiesen, aber in der Demokratie nicht schlecht beraten, über Projekte
besonderer Tragweite „sicherheitshalber" auch das Volk zu befragen.
Die bremische Regelung, daß die Bürgerschaft, d. h. ihre Mehrheit,
jede zu ihrer Zuständigkeit gehörende Frage einem Volksentscheid
unterbreiten kann[75], ist vorbildlich. Österreich[76] und Irland[77] z. B. sehen
Ähnliches vor, das österreichische Parlament muß sich freilich dem
Abstimmungsergebnis nicht beugen.

cc) Allen geschilderten Verfahren direkter Demokratie in den Bun-
deländern, ob Initiative oder Referendum, ist gemeinsam, daß sie, wenn
sich die notwendigen Mehrheiten finden, rechtlich verbindliche Folgen
haben. Die ist nicht selbstverständlich. Andere Länder kennen *imfer-
fekte,* d. h. u. U. folgenlose *Volkskompetenzen.* Sie sind insbesondere in
einer jungen Demokratie geeignet, behutsame und schadlos-experimen-
telle Übergänge in die neue Ordnung zu schaffen.

So kennen z. B. Italien[78], Österreich[79] und Spanien[80] Volks*initiativen,*
die sich darin erschöpfen, daß ein Gesetzesentwurf mit dem Anspruch
auf Behandlung im Parlament eingebracht wird. Alles weitere ist – wie
bei den Initiativen anderer Organe auch – Sache des parlamentarischen
Gesetzgebers. Der schleswig-holsteinische Landtag hat 1978 – ohne
Bezug auf die ausländischen Regelungen und Erfahrungen – darüber
diskutiert, ob nicht als Anfang direkter Demokratie wenigstens das
bloße Volksbegehren (ohne nachfolgenden Volksentscheid) eingeführt
werden sollte[81]. Und es hat den Anschein, daß das Saarland seit 1979
eine Verfassungsinitiative dieser Art kennt, wenn Art. 100 IV bestimmt,
über Verfassungsinitiativen finde ein Volksentscheid nicht statt, Art. 99

---

[75] Art. 70 I lit. b.
[76] Art. 43.
[77] Art. 27 „on the ground that the Bill contains a proposal of such national
importance that the will of the people thereon ought to be ascertained".
[78] Art. 71 I.
[79] Art. 41 II.
[80] Art. 87 III.
[81] Vgl. oben Anm. 9.

I 3 zugleich aber nur die finanzwirksamen Gesetze vom Volksbegehren ausnimmt.

Wie wichtig das Instrument der imperfekten Initiative sein kann, hat sich vor allem in Österreich gezeigt. Dort sind bisher sechs Volksbegehren dieser Art durchgeführt worden. 1964 erreichte die Initiative parteiunabhängiger Rundfunk 832 000 Unterschriften (17 % der Stimmberechtigten, also mehr als das Vifache des verfassungsrechtlichen Minimums (200 000)), die Initiative Arbeitszeitverkürzung 1969 890 000 (18 %), die Initiative gegen das dreizehnte Schuljahr im selben Jahr 340 000 (7 %), die Initiative gegen die Fristenlösung beim Schwangerschaftsabbruch 1975 896 000 (18 %), die Initiative Aufhebung des Atomsperrgesetzes 1980 etwas über 422 000 (8 %). Nur die gleichzeitige Initiative gegen die Atomenergie blieb mit knapp 148 000 Stimmen unter dem Minimum von 200 000. Die drei ersten Initiativen führten zu entsprechenden Gesetzesänderungen, die letzte könnte nach den Plänen von Regierung und Parlament zur Revision des Kernkraftstops führen. Die österreichische Praxis lehrt, daß die Initative sinnvoll ist, wenn sie sich auf wirklich grundlegende Projekte konzentriert, die große Teile der Bevölkerung angehen. Und sie hat Erfolg, obwohl sie – anders als Regierungsinitiativen – nicht automatisch von der Gleichschaltung zwischen Regierung und Parlamentsmehrheit profitiert. Daß sich das Parlament allein von der Zahl der Initianten nicht unter Druck setzen läßt, zeigt der – glückliche – Ausgang der Initiative 1975.

Das Gegenstück zu den imperfekten Initiativen sind die imperfekten, d. h. nicht notwendige folgenreichen, *Referenden*. Die Bundesländer kennen ein solches konsultatives Referendum nicht, Österreich[82] und Spanien[83] etwa haben es eingeführt. Die Volksabstimmung über das Kernkraftwerk Zwentendorf[84] zeigt die Vorzüge eines solchen Verfahrens. Regierung und Parlamentsmehrheit erhalten die Möglichkeit, ihre

---

[82] Art. 43.

[83] Art. 92.

[84] Genauer gesagt: Volksabstimmung über einen Gesetzesbeschluß, der erstens verlangte, daß künftige Kernkraftwerke nur durch Gesetz genehmigt würden, und zweitens die Genehmigung für Zwentendorf erteilte. Das Nein der knappen Mehrheit am 5. November 1978 besagte also vordergründig nur, daß Zwentendorf nicht *durch Gesetz* genehmigt werden sollte (d. h. genehmigt zu werden brauchte). Einer behördlichen Genehmigung nach dem bisherigen Recht hätte es nicht entgegengestanden. Dennoch entschlossen sich Regierung und Parlament zum vorläufigen Atomstop. Zum Ablauf vgl. Der Spiegel Nr. 27 vom 3. Juli 1978, S. 106; Nr. 46 vom 13. November 1978, S. 118.

Politik volksnah auch jenseits von Wahlterminen abzusichern bzw. sie punktuell ohne Zwang zur Abgabe der Macht aufzugeben; die Bevölkerung erhält wenigstens die Chance, unmittelbar an der Politik beteiligt zuwerden. Auf diese Weise ist politische Schlichtung auf Zeit möglich[85]. Dennoch ist es wohl nicht mehr als ein erster Schritt auf dem Wege zur eigentlich direkten Demokratie; als Dauereinrichtung und zugleich einziges Instrument direkter Demokratie bietet es kaum größere Vorzüge als Meinungsumfragen auf der Grundlage spezieller Volksbefragungsgesetze.

dd) Die Länder folgen der verbreiteten Übung, die Kompetenz des Volkes im *Finanzbereich* zu beschränken, oder gar auszuschließen. Weimar[86], die US-Staaten[87], Dänemark[88], Italien[89] und Spanien[90] treffen ähnliche Vorkehrungen. Darüber hinaus nehmen Dänemark, Italien und Spanien staatsvertragliche Regelungen, Italien und Spanien Amnestien und Begnadigungen, Spanien ferner die Freiheitsrechte, einige US-Staaten auch Wahlmaterien aus. Baden-Württemberg[91], Bayern[92] und Bremen[93] untersagen einen finanzwirksamen Volks*entscheid,* Hessen[94], Nordrhein-Westfalen[95] und Rheinland-Pfalz[96] und das Saarland[97] ein entsprechendes Volks*begehren.* Alle Länder schließen also die finanzwirksame Initiative aus. Wenn Hessen, Nordrhein-Westfalen und Rheinland-Pfalz dagegen nur das finanzwirksame *Begehren* untersagen, lassen sie offenbar – wie in Weimar[98] – den Volksentscheid zu, den nicht das

---

[85] Zwei Jahre nach dem Nein zu Zwentendorf wurde die Bevölkerung erneut nach ihrer Einstellung zur Kernenergie befragt: Die Initiative Schöfnagel richtete sich auf die Aufhebung des Atomsperrgesetzes; sie erhielt mehr als 422 000 Stimmen (Minimum nach Art. 41 II B.-VG.: 200 000). Die Initiative Schmitz, die das Kernenergieverbot verfassungsrechtlich festschreiben und Zwentendorf auf Erdgas umrüsten wollte, scheiterte mit etwas über 147 000 Stimmen. Vgl. NZZ Nr. 230 vom 4. Oktober 1980 und Nr. 264 vom 13. November 1980.

[86] Art. 73 IV.

[87] Vgl. Index Digest, a. a. O. (Anm.), S. 551, 559 f.

[88] Art. 42 (6).

[89] Art. 75 II.

[90] Art. 87 III 2.

[91] Art. 60 IV.

[92] Art. 73 „Staatshaushalt".

[93] Art. 70 II.

[94] Art. 124 I 3.

[95] Art. 68 I 4.

[96] Art. 109 III 2.

[97] Art. 99 I 3.

[98] Art. 73 IV.

Volk, sondern ein anderes Staatsorgan begehrt. Ein finanzwirksames *Referendum* darf also stattfinden, ist allerdings in der hessischen Verfassung – anders als in Nordrhein-Westfalen und Rheinland-Pfalz – nicht ausdrücklich vorgesehen. Das Volk könnte diese Einschränkungen seiner Kompetenz durch eine Verfassungsinitiative – dort, wo sie zulässig ist – korrigieren, hat dazu aber noch keine Anstrengung unternommen.

Ich halte – auf der Grundlage schweizer und US-amerikanischer Erfahrungen – die Besorgnis der Länderverfassungen vor dem Finanzchaos für übertrieben. Die Möglichkeit des finanzwirksamen fakultativen Referendums in Nordrhein-Westfalen und Rheinland-Pfalz, vielleicht auch Hessen, zeigt ja, daß man dem Volk nicht jeden finanzpolitischen Sachverstand, nicht jede Überparteilichkeit abspricht. Richtig ist sicher, daß häufig genug die Expertise nicht ausreichen wird, einen eigenen Entwurf vorzulegen. Ich glaube aber, daß die Beteiligungs- und Abstimmugsquoren hinreichend dafür sorgen, daß Initiativen einiger besonders Verwegener oder parteilich Interessierter nicht durchkommen. Darauf würde ich vertrauen, ohne von vornherein den Kompetenzbereich unwiderruflich zu beschneiden. Äußerstenfalls könnte der parlamentarische Gesetzgeber durch eine lex posterior korrigieren. Eher würde ich in die umgekehrte Richtung neigen, die das schweizer Finanzreferendum beschreitet[99].

3. Ermutigendes aus Weimar

Die Fülle der im Grundgesetz angelegten und in den Länderverfassungen schon heute konkretisierten Elemente direkter Demokratie stimmt optimistisch. Sie widerlegt verfassungsdogmatisch diejenigen, die unsere demokratische Landschaft durch die Schatten Weimars verdunkelt sehen. Weimar ist von der Mehrzahl der Länder rezipiert und teilweise übrholt worden, und die Anlagen des Grundgesetzes weisen – ganz im Gegensatz zur Skepsis seiner Autoren – bereits weit über Weimar hinaus. Dennoch kann ich natürlich nicht ausschließen, daß auch heute noch

---

[99] Vgl. Zürich Art. 30 II Nr. 2; Bern Art. 6, 6ter; Luzern §§ 39, 39bis; Uri Art. 48 III b, d; Schwyz § 30 II; Unterwalden ob dem Wald Art. 61 III, IV, 71; Unterwalden in dem Wald Art. 52 II, 53 II; Glarus Art. 35 I 6, 6bis; Zug § 34; Freiburg Art. 28bis; Solothurn Art. 17 II, 31 VI; Basel-Stadt §§ 29, 59; Basel-Landschaft § 11bis; Schaffhausen Art. 42 II; Appenzell A. Rh. Art. 42 IV; Appenzell I. Rh. Art. 7; St. Gallen Nachtrag vom 20. Januar 1924 zu Art. 47; Graubünden Art. 2 VI a, b; Aargau Art. 25 I b, d; Thurgau § 4 I c, d; Tessin Art. 60 II; Wallis Art. 30 IV; Neuenburg Art. 39; Jura Art. 78 lit. b, d. – Vgl. andererseits Art. 27 (2) Waadt; Art. 54, 60 Genf.

verfassungspolitisch direktdemokratische Fortschritte mit dem Argument aufgehalten werden, Weimar habe die Mißlichkeit der Volkskompetenz erwiesen. Nun ist Weimar, wenn wir einen Verantwortlichen in der Rechtsordnung suchen, sicher eher am Parlamentarismus zerbrochen als an der direkten Demokratie. Hat uns das gehindert, wieder mit dem parlamentarischen System anzufangen? Zu recht nicht. Aber es hat uns angespornt, dieselbe Sache besser zu machen. Allein dies ist auch die richtige Einstellung zu den direktdemokratischen Zügen der Weimarer Verfassung und ihrer praktischen Bewährung.

In fünf Fällen konnte es danach zum Volksentscheid über einen Gesetzesentwurf kommen:

- auf Veranlassung des Reichspräsidenten, Art. 73 I;
- auf Veranlassung des Reichspräsidenten bei Meinungsverschiedenheiten zwischen Reichstag und Reichsrat, Art. 74 III;
- auf Veranlassung des Reichsrats, wenn der Reichstag entgegen seinem Einspruch eine Verfassungsänderung beschlossen hat. Art. 76 II;
- auf Veranlassung eines Zwanzigstels der Stimmberechtigten, wenn die Verkündung des Gesetzes auf Antrag eines Drittels der Mitglieder des Reichstags ausgesetzt war, Art. 73 II;
- auf Veranlassung eines Zehntels der Stimmberechtigten, die einen Gesetzesentwurf vorgelegt hatten, Art. 73 III. Dem Art. 75 wurde entnommen, daß sich mehr als die Hälfte der Stimmberechtigten am Entscheid beteiligen mußten.

Allein der letzte Fall, die Volksgesetzgebung aufgrund bürgerlicher Initiative, ist in Weimar praktisch geworden, und zwar achtmal zwischen 1922 und 1932. Drei Begehren wurden nicht zugelassen, weil sie finanzwirksam waren, zwei Begehren wurden zwar zugelassen, aber nicht weiterverfolgt, davon eines deswegen, weil der Reichstag sich das Anliegen sofort – also noch vor der Durchführung des Volksbegehrens – zu eigen gemacht hatte. Ein Volksbegehren fand nicht die erforderliche Mehrheit, und zwei Volksentscheide scheiterten an dem verhängnisvollen Beteiligungsquorum des Art. 75 WRV.

Weimar hat nur eines gelehrt: Bei den Staatsorganen war die Sachkompetenz des Bürgers nicht gefragt. Dies deutet überhaupt nicht auf ihre Volksfeindlichkeit, sondern auf einen funktionierenden Gesetzgebungsprozeß, der den Appell an das Volk als Schiedsrichter in der Tat entbehrlich macht. Der Bürger selbst ist vornehmlich an der Technik der Verfahren gescheitert, insbesondere am Finanzvorbehalt, der weit ausgelegt wurde, und am Beteiligungsquorum, das dem Art. 75 WRV entnommen wurde. Die demagogischen Gefahren der Stahlhelm-Initiative 1929 hätten gebannt werden können, wenn der Reichsminister des Inneren das Begehren, wie es wohl richtig gewesen wäre, nicht zugelassen hätte. So entnehme ich der kurzen Weimarer Erfahrung nur, daß das fakultative Referendum auf Initiative eines Staatsorganes nicht sonderlich hilfreich, wenn auch nicht eigentlich schädlich ist, und daß man Finanzvorbehalt und Beteiligungsquorum überdenken muß.

III. Ausbau

Dem Bisherigen konnten Sie schon entnehmen, in welche Richtung meine Vorschläge für den systemkonformen Ausbau des vorhandenen verfassungsrechtlichen Fundaments gehen.

1. Die Vermehrung der Personalkompetenz

Wir müssen ernst machen mit der Personalkompetenz des Volkes. Was die *Wahlzuständigkeit* angeht, so sollten wir auf Dauer nicht bei der Wahl des Parlaments stehen bleiben. Wir müssen mindestens einmal diskutieren, welche Angehörigen der Verwaltung und Rechtsprechung ebenfalls vom Volk gewählt werden sollten. Schneller sollten wir uns dafür entscheiden, daß das Volk sein *Staatsoberhaupt* selbst wählt. Dies verträgt keinen Aufschub mehr. Gerade in einer Demokratie, die das repräsentative Element stark hervorhebt, gehört es sich, daß das Volk dasjenige Organ, das in einer einzigen Person alle repräsentiert, wählt. Ich habe das Argument, die geringen Kompetenzen des Bundespräsidenten lohnten den Aufwand einer Direktwahl nicht, nie verstanden. Auch die Mächtigsten im Staat, Regierung und Richter, werden bei uns nicht gewählt. Wie auch immer, die Figur des Staatsoberhauptes kommt dem Bedürfnis des Bürgers, sich persönlich mit einem Staat zu identifizieren, entgegen. Daß ich das Staatsoberhaupt wählen kann, erleichtert mir die Identifikation, auch für den Fall, daß ich unterliege.

Hinzukommen sollte, daß Staatsdiener unmittelbar oder mittelbar *rechenschaftspflichtig* sind. Vor ihrer Wahl oder Ernennung ist über die persönlichen Verhältnisse öffentlich Rechenschaft abzulegen, danach auf Verlangen des Wählers über die Amtsführung. Ich erwarte davon eine vorbeugende Wirkung, die den Einsatz des letzten Mittels der Personalkompetenz, der Abwahl, fast entbehrlich machen könnte. Die Praxis des recall in den US-Staaten und in der Schweiz scheint mir zu zeigen, daß die Einrichtung selbst derart wirkt, daß von ihr kaum Gebrauch gemacht werden muß. Etwas Besseres läßt sich über derartige Negativinstrumente kaum sagen. Rechenschaftspflicht und recall würden auch wesentlich dazu beitragen, die Wahl zu entdramatisieren; sie haben in diesem Sinne eine Befriedungsfunktion.

2. Die Vermehrung der Sachkompetenz

Auch die *Sachkompetenz* des Volkes würde ich genauer und umfassender beschrieben sehen wollen, als dies trotz aller wichtigen Schritte bisher bei uns geschehen ist.

a) Verfassungs- und Gesetzesinitiative. Was die *Initiative* anlangt, so sollten ihr alle Sachbereiche offen stehen, die der parlamentarische Gesetzgeber heute regeln kann, d. h. die Verfassung ebenso wie grundsätzlich jedes einfache Gesetz. Ich glaube nicht, daß wir einen Staatshaushalt auf Volksinitiative befürchten müßten.

b) Einen kräftigen Schritt vorwärts sollten wir im Bereich des *Referendums* machen.

aa) Das *Verfassungs*referendum sollte *obligatorisch* sein; zwar sollten auch die Staatsorgane Verfassungsänderungen initiieren können, die endgültige Entscheidung darüber sollte jedoch bei der verfassungsgebenden Gewalt liegen. Dies ohne Rücksicht darauf, um welche Teile einer Verfassung es sich handelt.

bb) Wegen der minderen oder sehr speziellen oder unbestrittenen Bedeutung vieler *einfacher Gesetze* halte ich das obligatorische Referendum auf dieser Ebene nicht für allgemein notwendig. Das fakultative Referendum dürfte regelmäßig ausreichen. Dabei wäre mir wichtiger, daß auch das *Volk* die Initiative dazu ergreifen kann, nicht nur Staatsorgane oder Organteile. Ich würde es allerdings für eine Bereicherung unseres bundesstaatlichen Instrumentariums halten, wenn ein Bundesreferendum in jedem Fall auch von einer Minderzahl der Länder eingeleitet werden könnte. Anders als die parteipolitische Gleichschaltung von Regierung und Parlamentsmehrheit ist die parteipolitische Gleichschaltung von Parlamentsminderheit und Bundesratsmehrheit historisch zufällig, deswegen labil. Für den jederzeit denkbaren Fall der Gleichschaltung von Bundesrats- und Bundestagsmehrheit und Regierung sollte dafür Sorge getragen werden, daß das Ideen- und Alternativpotential von Länderminderheiten nicht verloren geht. Ihre Referendumsinitiativkompetenz wäre der richtige Weg. Das Kantonsreferendum der Schweiz liefert Vorbilder, technische Details und praktische Erfahrungen.

cc) Das Referendum sollte *verbindlich* sein; so regeln es auch die Länder heute. Die bloße *Volksbefragung* halte ich in anderen Bereichen jedoch für sinnvoll: Zu nicht gesetzesförmlichen Beschlüssen des Parlaments sowie zu Ermessensentscheidungen der Verwaltung sollten die Bürger im Wege des konsultativen Referendums gehört werden können oder müssen. Die spezialgesetzlich vorgeschriebenen Anhörungen im Verwaltungsverfahren sind ein erster Schritt in diese Richtung.

dd) Einige Materien erscheinen mir so bedeutsam, daß es nicht der Entscheidung eines Staatsorgans oder des Volkes überlassen bleiben sollte, ob ein Referendum ergriffen wird. Dazu rechne ich solche *Staatsverträge,* die „politisch" i.S. des Art. 59 GG sind. Um das Referendum nicht mit Streitfragen aus dem Umkreis des Vertragsrechts zu belasten, könnte man auch daran denken, die in Frage kommenden Vertragskategorien aufzuzählen, wie dies in der Schweiz geschieht[100]. Dem *obligatorischen* Referendum würde ich ferner gerade die *finanzwirksamen* Gesetze unterstellen. Sie gehen den Bürger als Steuerzahler so unmittelbar etwas an, daß sie ihm in jedem Fall vorgelegt werden sollten. Als dritte Gruppe würde ich erwägen, Gesetze über die *Rechtsstellung der Staatsorgane* und ihrer Untergliederungen einzubeziehen. Allzu oft ist die Öffentlichkeit besorgt, ob nicht der Gesetzgeber befangen sein muß, wenn er etwa die Besoldung im öffentlichen Dienst verbessert oder seine eigene Diät. Dabei ist mir der Gedanke, den Steuerzahler womöglich vor Überzahlungen zu schützen, fast weniger wichtig als die Aufgabe, den Gesetzgeber vor dem Verfall seiner Autorität zu bewahren. Wer auf eine Politik des Vertrauens und der Redlichkeit hinaus will, muß dafür Sorge tragen, daß die am demokratischen Verfahren Beteiligten ihr Ansehen und Gesicht wahren können. Dazu müssen ihnen u.U. auch vorsorglich Entscheidungen aus der Hand genommen werden.

Ich bin mir klar darüber, daß, je mehr ich den Bereich des obligatorischen Gesetzesreferendums ausdehne, das Argument an Kraft gewinnt, der Gesetzgebungsprozeß werde über Gebühr verlängert. Mit ihm haben sich natürlich alle Staaten auseinanderzusetzen, die ein obligatorisches Referendum kennen. Man könnte ihm in Anlehnung an Regelungen der US-Staaten und der Schweiz so gerecht werden: Das betreffende Gesetz tritt nicht vor Ablauf einer – etwa auf 90 Tage bemessenen – Referendumsfrist in Kraft. Gesetze, die im Einzelfall oder ihrer Materie nach keinen Aufschub dulden, treten sofort in Kraft; sie bleiben in Kraft, wenn nicht innerhalb etwa eines Jahres ein gegenteiliges Referendum zustande kommt. Ein politisches Problem ist, wen man über die Dring-

---

[100] Vgl. z.B. Art. 89 II, III, IV Bundesverfassung; Art. 62 II, III VE 1977.

lichkeit im Einzelfall entscheiden lassen und ob sie gerichtlich überprüft werden können soll. Keine Lösung wird hier, je nach den politischen Umständen, ganz befriedigen, wie die Praxis lehrt. Als Minimalschutz der Volkskompetenz würde ich qualifizierte Mehrheiten des Gesetzgebers für den Dringlichkeitsbeschluß vorschlagen.

3. Bürgerfreundliche Verfahren

Erlauben Sie noch ein kurzes Wort zur Ausgestaltung der Verfahren. Der beherrschende Grundsatz muß die *Bürgerfreundlichkeit* sein. Dazu rechne ich z.b., daß Volksbegehren durch private Unterschriftensammlung, nicht unbedingt durch amtliche Eintragung zustande kommen können. Dazu zählt, daß der von einer Initiative vorgelegte Entwurf der Bevölkerung zusammen mit einer ausführlichen und neutralen Erläuterung der Regierung zugestellt wird. Die Zulassungs- und Zustimmungsquoren sollen Müßiggänger, Querulanten und Eigenbrötler abwehren, nicht aber den Bürger von vornherein entmutigen. Die Weimarer Regelungen haben hier das richtige Augenmaß gezeigt. Das Quorum für ein Begehren ist so hoch, aber auch nur so hoch anzusetzen, daß es seine Drohfunktion ausüben kann; der Staat wird sich die Sache zu eigen machen, wenn er den dahinter stehenden ernsthaften Willen erkennt. Das Beteiligungsquorum schätze ich eher als undemokratisch ein: Der Nein-Sager kann getrost zu Hause bleiben, der Befürworter muß zur Abstimmung und ist als Ja-Stimme öffentlich erkennbar. Wenn wir auf das Beteiligungsquorum verzichten, kommt auch auf den Nein-Sager eine heilsame Stimmlast zu. Für die Erneuerung der Demokratie brauchen wir die gleichverteilte Stimmlast aller Meinungen.

Die letztliche Entscheidung sollen von der Mehrheit der Abstimmenden gefällt werden.Qualifizierte Mehrheiten könnten dann gefordert werden, wenn sie auch bei dem actus contrarius (dem alten Gesetz, der Wahl eines Staatsdieners) notwendig waren. Technisch, örtlich und zeitlich muß die Abstimmung dem Bürger so leicht gemacht werden wie die Parlamentswahl.

V. Schlußwort

Ich komme auf meinen Eingangsappell zurück. Der Bürger ist bereit und in der Lage, aktiv an der Demokratie mitzuarbeiten. Der Wille ist heute deutlicher und intensiver denn je. Helfen wir Juristen mit, ihn in konstruktive Bahnen zu lenken. Das Recht vermag wenig, aber fangen wir an.

www.ingramcontent.com/pod-product-compliance
Lightning Source LLC
Chambersburg PA
CBHW050648190326
41458CB00008B/2465